# ISAAC NEWTON

Título original: ISAAC NEWTON: "MY BEST FRIEND IS TRUTH"
Concebido y diseñado por Marshall Editions
The Old Brewery, 6 Blundell Street, London N7 9BH, U.K.

© 2007, Marshall Editions

De esta edición:
© 2007, Santillana Ediciones Generales, S.A. de C.V.
Av. Río Mixcoac 274, Col. Acacias
México, D.F., C.P. 03240

Adaptación del inglés: Gabriela Becerra, Víctor Soler
Traducción: Luz María Méndez
Edición y corrección: Gerardo Mendiola y William Dietzel

Aguilar, Altea, Taurus, Alfaguara, S.A. de Ediciones
Avda. Leandro N. Alem 720 C1001AAP, Buenos Aires, Argentina

Santillana de Ediciones Generales, S.L.
Torrelaguna, 60, 28043, Madrid, España
Teléfono: +34 91 744 90 60

Distribuidora y Editora Aguilar, Altea, Taurus, Alfaguara, S.A.
Calle 80 n° 10-23, Bogotá, Colombia

Primera reimpresión: enero de 2013
ISBN: 978-970-58-0222-5

*Printed and bound in China by 1010 Printing Limited* / Impreso y encuadernado en China por 1010 Printing Limited
Todos los derechos reservados

Portada: Isaac Newton por Sir Godfrey Kneller (1689), con la amable autorización de
Trustees of the Portsmouth Estates/fotografía de Jeremy Whiptaker

www.editorialaltea.com.mx
www.alfaguarainfantilyjuvenil.com

Página anterior: Reconstrucción de la mesa de trabajo de Newton en Trinity College, Cambridge, Inglaterra: un prisma, un astrolabio y tablas de logaritmos pueden verse sobre ella.
Página opuesta: Esta medalla en memoria de Isaac Newton fue emitida en 1727.

# ISAAC NEWTON

## "MI MEJOR AMIGO ES LA VERDAD"

### PHILIP STEELE

Altea

# CONTENIDO

## EL JOVEN ISAAC

**1**

## ILUMINADO POR EL GENIO

**2**

# SECRETOS DEL UNIVERSO

3

# HOMBRE DEL MUNDO

4

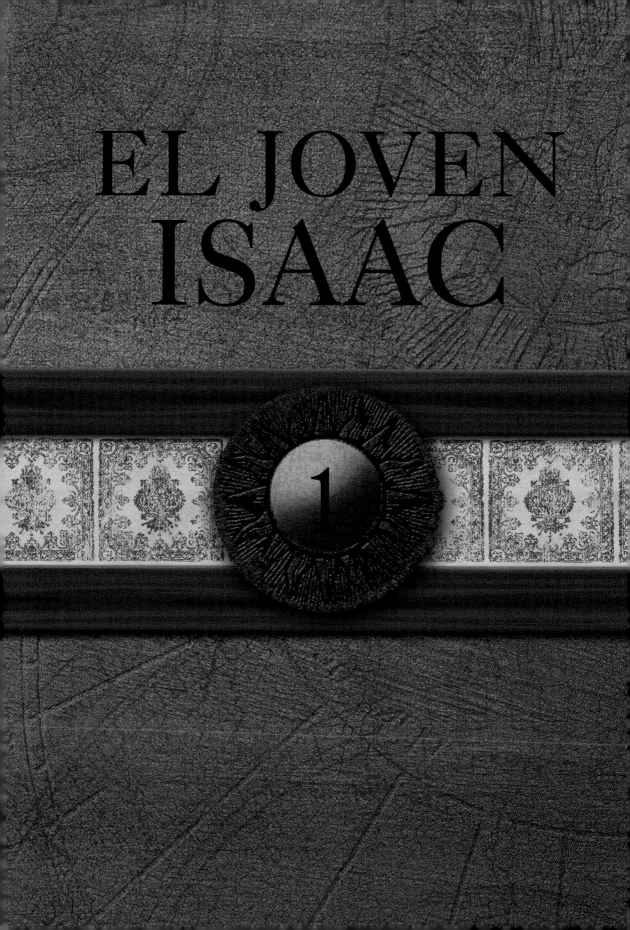

# Nacido en invierno

Eran las dos de la mañana, estaba oscuro y hacía un frío penetrante. La fecha era especial: 25 de diciembre de 1642. Sería una extraña Navidad ese año: El rey Carlos I estaba en guerra con el parlamento inglés y una guerra civil se estaba desatando a lo largo del país. Eran tiempos difíciles para Inglaterra.

En la finca de Woolsthorpe las ventanas eran alumbradas con velas y lámparas de aceite, pero no a causa de la Navidad. Tampoco eran soldados con linternas solicitando alojamiento por una noche, como ocurría por aquellos tiempos. La razón por la que la gente estaba despierta a esa hora pronto fue evidente al escucharse el llanto de un recién nacido proveniente de una de las habitaciones del piso superior. Fue un varón, que llegó temprano y se le veía débil y enfermizo. De hecho, era tan pequeño que, como él mismo dirá más adelante sobre su vida, habría podido ser colocado dentro de una olla de un litro y medio de capacidad.

El dueño de la finca Woolsthorpe y padre

## ¿Cuándo fue Navidad?

Antes de 1582, toda Europa usaba el mismo calendario. Sin embargo, ese año, la Iglesia católica impuso un nuevo sistema de cálculo de las fechas. Estos cambios no fueron adoptados por los países protestantes hasta mucho tiempo después, en Inglaterra, hasta el año 1752. Así que el 25 de diciembre de 1642 debe haber sido en realidad 4 de enero de 1643, según el calendario actual.

**Página anterior:** Ilustración de un hombre volando un cometa, proveniente del libro de John Bate de 1635 *Los misterios de la naturaleza y el arte.* **Cuando era niño, Isaac hizo muchos cometas diseñados por él mismo.**

## 8 de enero de 1642
Muere el gran científico Galileo Galilei en Italia.

## Agosto de 1642
La guerra civil estalla en Inglaterra entre el rey Carlos I y el parlamento.

del niño, había sido un granjero independiente llamado Isaac Newton.

Lamentablemente, Isaac Newton padre había muerto en octubre de 1642, poco antes de que su hijo naciera. Isaac había sido un próspero hombre de cierto renombre en el vecindario, pero como muchos granjeros, no sabía leer ni escribir.

La mamá del bebé, Hannah, provenía de una clase social más alta que el marido. Su hermano, William Ayscough, fue un clérigo que vivía en la villa cercana de Burton Coggles. William era un caballero culto, que había estudiado en la Universidad de Cambridge. El bebé fue bautizado el primer día del nuevo año de 1643. Recibió el mismo nombre que su padre: Isaac Newton.

**Abajo: Así se veía la finca Woolsthorpe en el siglo XIX. Todavía hoy es muy similar. Tradicionalmente, una finca era la casa más grande e importante de cualquier población inglesa.**

| Octubre de 1642 | 25 de diciembre de 1642 |
|---|---|
| Isaac Newton (padre) enferma y muere. | Isaac Newton (hijo) nace en la finca de Woolsthorpe, Lincolnshire. |

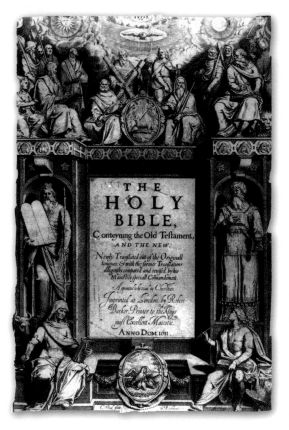

**Izquierda: En el siglo XVII, la Biblia era leída diariamente en la iglesia y en la casa. Era estudiada en la escuela y era el único libro que mucha gente conocía.**

El joven Isaac Newton nació el mismo año que había muerto el gran científico italiano Galileo Galilei (1564–1642). Galileo había sostenido que la Tierra giraba alrededor del sol y no al revés. Isaac también, al crecer, sería uno de los mayores científicos de la historia. Pero en Woolsthorpe, nadie sabía mucho de ciencia ni de un italiano llamado Galileo.

Woolsthorpe era un poblado muy pequeño cercano de Colsterworth, en el condado oriental de Lincolnshire, a unos 160 km al norte de Londres. Buena parte del condado consistía en tierras bajas, planas, anegadas de agua, conocidas como los *Fens*. En el norte de Lincolnshire, la tierra es más alta, con elevaciones de verdes colinas llamadas *Wolds*. Woolsthorpe se encuentra sobre una meseta en el oeste del país, rodeado de tierras de cultivo. Estaba cerca del camino que llevaba de Londres a York, el cual había sido una de las rutas de transporte y comercio más importantes de Gran Bretaña desde los tiempos romanos.

Los primeros años de la vida de Isaac fueron pacíficos, a pesar de que la guerra civil ensombrecía la vida cotidiana de toda Inglaterra. En 1643,

**1 de enero de 1643**
Isaac Newton es bautizado, probablemente en la finca de Woolsthorpe.

**2 de julio de 1644**
La mayor derrota de las fuerzas realistas por parte del ejército del parlamento, tuvo lugar en la batalla de Marston Moor.

Izquierda: Una mujer campesina hilando en su rueca. Los poblados en Inglaterra producían muchos de los artículos que se requerían en la vida cotidiana como ropas y comida. La energía era proporcionada muchas veces por molinos de agua o de viento.

Lincolnshire cayó en manos del ejército parlamentario.

Cuando Isaac tenía tres años de edad, en enero de 1646, su madre decidió casarse de nuevo. Su nuevo marido era un clérigo de nombre Barnabas Smith, quien tenía 63 años de edad y era un hombre de dinero. Él no estaba interesado en Isaac y no era amable ni amistoso con él.

Hannah se mudó para vivir con su marido en North Witham, a unos 2 km de Woolsthorpe. Se decidió que Isaac se quedara en la finca de Woolsthorpe bajo el cuidado de su abuela, Margery Ayscough, la madre de Hannah. Isaac se sintió abandonado y desesperadamente solo; nunca había conocido a su padre y ahora su madre lo dejaba también. Estaba lleno de rabia y su ira parece haberle acompañado toda su vida. Cuando Isaac creció, confesó que había planeado quemar la casa de su madre y su padrastro con ellos en el interior.

## El solitario

Algunos expertos actuales se preguntan si Isaac Newton padecía una condición llamada síndrome de Asperger (SA). La gente con SA es con frecuencia extremadamente inteligente pero tiene problemas para relacionarse con otras personas. Otros expertos divergen y piensan que Isaac sólo era un solitario, alguien que encuentra difícil hacer amigos.

**Enero de 1646**
La madre de Isaac, Hannah Newton decide casarse de nuevo.

**1646**
Isaac Newton se queda en Woolsthorpe, al cuidado de su abuela materna.

# El mundo de cabeza

Una canción popular inglesa de 1643 se llamaba *El mundo se vuelve de cabeza*. Newton vivió un periodo en el que todos los viejos valores parecían estar trastocados. Se desarrollaron nuevas tecnologías. Las imprentas producían panfletos que difundían a gran velocidad las nuevas ideas religiosas y políticas. Había conflictos religiosos en muchas partes de Europa. Los católicos peleaban contra los protestantes y nuevas sectas religiosas se formaban. Los comerciantes y pequeños propietarios de tierras se estaban enriqueciendo y querían el poder político, desafiando al poder de los nobles y los reyes.

En la década de 1620, todos estos asuntos se volvieron de primera importancia en la isla. El rey Carlos I trató de quitar el poder al parlamento y en 1642 estalló una guerra civil entre realistas y parlamentaristas. Muchos de los parlamentaristas eran protestantes extremos, llamados puritanos. El rey fue derrotado y en 1649, Inglaterra se convirtió en una república o Commonwealth. En 1653, el poder estaba en manos del líder parlamentario Oliver Cromwell, quien se convirtió en una especie de dictador con el título de lord protector.

Mar del Norte

ESCOCIA

Mar de Irlanda

INGLATERRA

Grantham

Woolsthorpe

GALES

Norwich

Cambridge

Londres

Dover

Canal Inglés (de la Mancha)

**Arriba: Gran Bretaña empezaba a unirse como nación. Gales e Inglaterra se unieron en 1536 y compartieron el mismo gobernante que Escocia desde 1603. la unificación completa se alcanzó en 1707.**

**Izquierda: Nuevas naciones surgían en Europa. Fundaban colonias en América y competían por el comercio. Holandeses e ingleses se fueron a la guerra en 1652–54, en 1664–67 y nuevamente en 1672–74.**

Arriba: Después de su derrota, el rey Carlos I fue públicamente ejecutado en Londres en enero de 1649. Como era una creencia extendida el que los reyes gobernaban con la autoridad de Dios, este evento impactó fuertemente a toda Europa. La monarquía se restauró en Inglaterra en 1660, bajo la corona del rey Carlos II, pero sus poderes fueron cada vez más acotados.

Izquierda: Los soldados se volvieron una presencia familiar en el paisaje inglés durante las violentas guerras del siglo XVII.

# Día a día

**La vida en el poblado era simple y práctica en la década de 1640. Los niños solían trabajar duro y ser cooperadores y obedientes. La mayoría de la gente esperaba que Isaac crecería para convertirse en un granjero como su padre había sido, pero el culto Ayscoughs se aseguró de que también recibiera una educación.**

El joven Isaac fue enviado a tomar clases en los poblados cercanos, donde aprendió a leer, escribir y contar. Acudía a la iglesia cada domingo y escuchaba lecturas de la Biblia.

La finca de Woolsthorpe había sido propiedad de la familia Newton desde 1623. Era un edificio atractivo, sencillo, construido de roca caliza. La habitación de Isaac estaba en el primer piso.

A los seis años, Isaac debe haber dejado de usar la larga túnica usada por los niños pequeños, y le debe haber sido cambiada por una chaqueta y pantaloncillo corto. La ropa era de lana o de lino. Los

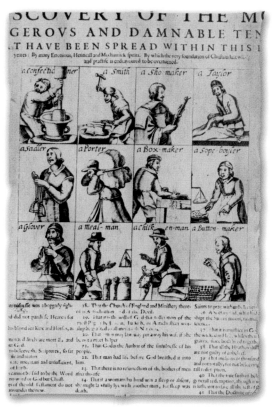

**Arriba:** El joven Isaac Newton debe haber visto pasar a mercaderes como éstos, yendo a sus negocios cotidianos.

## 1647–52
La madre de Isaac, Hannah Newton, da a luz a tres niños más en North Witham.

## 30 de enero de 1649
El rey Carlos I es ejecutado en Whitehall, Londres.

**¿Quién prohibió el pudín de Navidad?**

Los puritanos eran gente muy seria que pensaba que divertirse era un sacrilegio. Durante el periodo de la Commonwealth, prohibieron los juegos de cartas y los bailes en los parques. También prohibieron que la gente consumiera el tradicional pudín de Navidad.

adultos vestían con sencillez.

Los listones, volantes y encajes usados por hombres y mujeres durante el periodo realista eran reprobados por los puritanos. En su lugar, preferían usar modas llanas y sencillas en colores oscuros. Los hombres usaban chaqueta y pantalones hasta las rodillas, con medias, cuellos grandes y sombreros de ala ancha. Las mujeres usaban vestidos largos, cuellos planos y delantales. Se usaban capas con capucha para protegerse del frío y del clima húmedo.

La comida era generalmente sencilla en el campo. La granja de la finca seguramente dotaba de leche, mantequilla, pan horneado, manzanas y huevos. Era difícil alimentar al ganado en el invierno así que buena parte del ganado, ovejas y cerdos eran sacrificados cada otoño. La carne y el pescado se preservaba en sal. Los vegetales eran más variados y de mejor calidad de lo que habían sido en cientos de años anteriores. La cerveza se consideraba una bebida más saludable que el agua, la cual podía estar contaminada con bacterias y enfermedades. A los niños se daba cerveza ligera.

La salud pública era precaria. Muchos niños morían siendo muy pequeños y muchas mujeres morían en el parto. Los médicos usaban tratamientos que hoy nos parecen muy extraños. Sangraban a sus pacientes con sanguijuelas, pensando que esto les hacía bien y con frecuencia, se

**16 de marzo de 1649**
Inglaterra de convierte en la Commonwealth, o república.

**8 de julio de 1652**
Comienza una larga serie de guerras entre Inglaterra y los Países Bajos.

# Educación de Isaac

En 1653, Barnabas Smith murió y Hannah regresó a casa. Isaac por fin tenía a su madre de vuelta en la finca de Woolsthorpe, pero no la tenía sólo para él. Ella había tenido tres hijos más. Isaac ahora tenía dos medias hermanas llamadas Mary y Hannah, y un medio hermano llamado Benjamin.

En 1654 o 1655, Isaac fue enviado a una escuela para niños en Grantham. Esta agitada ciudad comercial está a 12 km al norte de Woolsthorpe. Isaac no podía viajar todos los días, así que se alojó en una casa en la calle principal de Grantham. El edificio era casa del boticario de la ciudad, a quien hoy llamaríamos farmacéutico. Era un hombre llamado William Clark.

Isaac compartía habitación con los hijastros del señor Clark, Edward, Arthur y Catherine Storer. Isaac no toleraba a los niños, pero se hizo amigo de la niña. Incluso hizo los muebles de la casa de muñecas de Catherine.

**Derecha: Los boticarios siempre estaban mezclando pociones, polvos, ungüentos y remedios de hierbas. Probablemente fue con Clark que Isaac ganó un temprano interés en mezclar sustancias y observar cómo reaccionaban entre ellas.**

## Agosto de 1653
La madre de Isaac regresa a la finca de Woolsthorpe.

## Diciembre de 1653
Oliver Cromwell se convierte en lord protector.

Se ha sugerido que, cuando fueron más grandes, se enamoraron, pero siendo adulto Isaac nunca tuvo novia ni se casó.

La Escuela del Rey en Grantham era una de las muchas escuelas de gramática que podían encontrarse en la Inglaterra de los siglos XVI y XVII. Las horas de escuela eran largas y aburridas y mucha de la información

**Arriba: Isaac Newton grabó su nombre en el alféizar de una ventana y en los escritorios de la Escuela del Rey.**

era aprendida de memoria. Los golpes eran frecuentes. Aun así, las escuelas inglesas de gramática produjeron muchos grandes investigadores en aquellos tiempos. La gramática se refería al latín, no al inglés. El latín era el idioma de la antigua Roma, y todavía se usaba por académicos y científicos en toda Europa, así que aprenderla tenía un sentido. A los alumnos también se les enseñaba algo de griego y de hebreo para estudiar la Biblia, así como algo de aritmética.

*"... muchacho sobrio, callado, reflexivo... nunca se supo que se escapara a jugar con otros niños..."*
**Catherine Storer recuerda a Isaac Newton en Grantham**

## 1654–55
Isaac es enviado a la Escuela del Rey en Grantham.

## 1656
El científico holandés Christiaan Huygens fabrica un preciso reloj de péndulo.

Derecha: Isaac había estado desde hace tiempo fascinado por los relojes de sol y sombra. A los nueve años esculpió un reloj de sol, que puede verse hoy en la iglesia de Colsterworth.

NEWTON: AGED 9 YEARS: CUT WITH HIS PENKNIFE THIS DIAL. THE STONE WAS GIVEN BY C. TURNOR ESQ AND PLACED HERE AT THE COST OF THE RT HON SIR WILLIAM ERLE A COLLATERAL DESCENDENT OF NEWTON. 1877.

Isaac era impopular y era con frecuencia intimidado por otros niños en la Escuela del Rey. Un día su paciencia se agotó y embatió con furia estrellando la cara de su agresor en el muro del atrio de la iglesia. La pelea no le consiguió amigos a Isaac.

Isaac encontraba sus lecciones obtusas y al principio parecía que no había llamado la atención del maestro, Henry Stokes. Sin embargo, la mente de Isaac había empezado ya a ganar la delantera. El niño leía libros de la biblioteca de la iglesia. Uno de ellos era *Los misterios de la naturaleza y del arte* de John Bate. Estaba lleno de máquinas y artilugios.

Isaac empezó a hacer sus propios modelos de trabajo de molinos de viento y toda clase de dispositivos, incluyendo trampas para ratones, relojes de agua y cometas que portaban luces. El señor Stokes finalmente empezó a darse cuenta de que tenía un alumno muy especial en su clase.

Sin embargo, la madre de Isaac no reconocía los talentos especiales de su hijo. En el otoño de 1659, sacó al hijo de la escuela. Pensaba que ya era tiempo de que el joven de 16 años aprendiera más acerca de las labores del granjero, así que regresó a la finca de Woolsthorpe.

**3 de septiembre de 1658**
Muere Oliver Cromwell.

**1659**
Isaac Newton es sacado de la escuela para que trabaje en la granja.

Sin embargo, Isaac probó ser inútil como administrador de la granja. Se destacó por dejar que los puercos y las ovejas se escaparan y por no mantener las cercas en buen estado. Su tío William y su maestro estaban de acuerdo en que si Isaac iba a la universidad sería lo mejor para él y para la granja. Isaac fue enviado de nuevo a Grantham a terminar la escuela y ahora se alojaba con los Stokes.

## La fuerza de la tormenta

Isaac Newton más adelante recordará su primer experimento, cuando trató de medir la fuerza del viento. Fue durante una gran tormenta que se hizo famosa porque ocurrió el día que murió Oliver Cromwell el 3 de septiembre de 1658.

**Abajo: La Escuela del Rey en Grantham tenía varias docenas de alumnos en tiempos de Isaac. El maestro en jefe, Henry Stokes se dio cuenta que el joven debería seguir estudiando en la Universidad de Cambridge.**

## 8 de mayo de 1660
Restauración de la monarquía: El hijo de Carlos I se convierte en el rey Carlos II.

## Otoño de 1660
Isaac Newton regresa a la Escuela del Rey en Grantham.

# ILUMINADO POR EL GENIO

2

# DÍAS UNIVERSITARIOS

Desde la Edad Media, los edificios de la universidad de Cambridge fueron levantados a las orillas del río Cam, a 100 km al sur de la casa de Isaac. Uno de los mejores colegios de la universidad era el Trinity, fundado por Enrique VIII en 1546. Fue en esta gran institución que Isaac ingresó el 5 de junio de 1661.

La universidad de Cambridge había atravesado tiempos difíciles durante la guerra civil. Los realistas habían perdido sus trabajos. Ahora Carlos II estaba en el trono y los puritanos tenían que cuidarse de lo que decían o escribían. El joven Isaac tenía algo de puritano. Aunque iba a las tabernas, nunca se involucró en peleas de borrachos como otros estudiantes. Estaba pleno de ansiedad religiosa y poco interesado en hacer amigos.

**Derecha: Muchos edificios bellos rodean el gran patio y la fuente del Trinity College. Isaac vivió en Cambridge la mayor parte del tiempo hasta 1696.**

**Página previa: Un retrato de Isaac Newton de joven en Cambridge.**

### 5 de junio de 1661
Isaac Newton ingresa al Trinity College, Cambridge.

### Julio de 1662
La *Royal Society*, una academia de ciencias, es fundada en Londres.

## ¿Una historia verdadera?

Un relato sobre la vida de Newton sugiere que su desempeño en Cambridge fue bajo, y que en la graduación fue reconocido con lo que hoy llamamos honores de tercer lugar en vez de con el primero. Quizás esto se debió a que trabajaba en sus propios proyectos, o tal vez la historia no es cierta.

Los estudiantes se clasificaban en grupos. Hasta arriba estaban los nobles privilegiados, luego los estudiantes ordinarios o pensionados. Hasta abajo los *subsizars*, quienes tenían que trabajar como sirvientes de otros estudiantes para poder pagar sus estudios. Isaac estaba en este grupo inferior. Esperaba empezar sus estudios a la manera tradicional, estudiando a los filósofos de la Grecia antigua como Aristóteles. Trabajó duro, pero no fue sino hasta el tercer año que realmente logró ubicarse. Empezó a leer a otros filósofos antiguos y a pensadores contemporáneos, como Galileo. Isaac aplicó su ingenio a las grandes interrogantes de la ciencia y llevó a cabo experimentos en sus habitaciones, usando métodos científicos de observación y medición.

En abril de 1664, Isaac se volvió investigador, lo que representaba recibir una beca. En enero de 1665 se recibió como matemático, graduándose en abril de ese año. Con la beca, podía financiar su estancia en Cambridge y continuar con sus investigaciones.

**Derecha: Isaac Newton compartía habitación en el Trinity College con un estudiante llamado John Wickins. John ayudó a Isaac a hacer experimentos con luz.**

### Abril de 1664
Isaac Newton se convierte en investigador del Trinity College.

### Febrero de 1665
Isaac Newton trabaja en matemáticas, incluyendo el teorema binomial.

# Las fronteras del conocimiento

La caída del rey de Inglaterra marcó el inicio de la revolución social. Sin embargo, otra clase de revolución también estaba en marcha en Europa. Era una revolución de las ideas. Estas nuevas ideas cambiarían por completo la forma de entender el mundo y el lugar del ser humano en el universo. Se iniciaba la ciencia moderna, aunque en ese tiempo le llamaban "filosofía natural". La palabra científico no se usó hasta el siglo XIX.

Las ideas de la Grecia antigua, tales como las de Aristóteles, que habían sido aceptadas por 2 000 años, ahora se encontraban en entredicho. Un astrónomo polaco de nombre Nicolás Copérnico (1473-1543) llegó incluso a decir que la Tierra viajaba alrededor del sol, una idea problemática para la mentalidad de su época.

Los investigadores europeos empezaban ahora a estudiar a las estrellas, los planetas y la Tierra, así como la estructura y el movimiento de las cosas. El lenguaje que usaban para describir sus descubrimientos era el de las matemáticas.

Al familiarizarse Newton con la investigación de esos modernos filósofos naturales su mente tomó vuelo. Con su ayuda, este joven nervioso, irritable y difícil, entró al mundo de la belleza y la luminosidad, en el cual su tarea era buscar la verdad.

**Arriba: Tycho Brahe (1546–1601)** fue un astrónomo danés cuyos detallados estudios de las estrellas ayudaron al astrónomo alemán Johannes Kepler (1571–1630) a probar la verdad de la teoría de Copérnico.

**Derecha: Galileo Galilei** fue un brillante científico italiano que estudió el movimiento y el camino por el que los objetos caen en la tierra. Galileo también hizo uso de un nuevo invento, el telescopio, para observar la luna, los planetas y las estrellas. Su apoyo a la teoría de Copérnico le provocó problemas con la iglesia católica de Roma, la cual creía que el sol se movía alrededor de la Tierra.

**Izquierda:** René Descartes (1596–1650) nacido cerca de Tours, Francia, fue un gran filósofo y matemático que fundó el álgebra moderna y la geometría. Descartes creía que el universo operaba como una gran máquina y que todo en él podía ser medido y eventualmente, entendido.

**Derecha:** Descartes trató de entender al universo. Creía que la materia llenaba el espacio y formaba modelos en espiral llamados vórtices. Newton estaba fascinado con sus ideas y las matemáticas de Descartes, pero pronto encontró un fallo en sus teorías.

# El crisol

Un crisol es un plato en el cual se calientan los metales y otras sustancias a altas temperaturas para poder fusionar dichos materiales. Para Isaac, los años 1665–67 fueron un crisol. Ante la imposibilidad de continuar trabajando en Cambridge, regresó a Woolsthorpe, donde su genio fue desatado. El precioso material que resultó fue una nueva forma de entender al mundo.

**Derecha: La muerte acosa a los campos; los habitantes de la ciudad huyen de la plaga y llevan la infección con ellos. Hubo repetidos brotes de la peste en Europa durante el siglo XVII.**

Estos años de la vida de Newton son conocidos en latín como *anni mirabiles*, que significa años maravillosos. Sin embargo, ocurrieron a la par de dos desastres nacionales. En junio de 1665, la peste bubónica ataca a Londres. Fue terrible, una enfermedad mortal, que se esparce por las pulgas de las ratas, aunque hoy ya no se conoce. A medida que la plaga se extendía en el campo, cundía el pánico. La Universidad de Cambridge fue cerrada. Para octubre, 70 000 personas habían muerto solamente en la capital.

Isaac no tenía otro lugar donde ir más que a su casa, cabalgó hacia ella ese agosto. Permaneció allí hasta marzo de 1666, cuando regresó brevemente a Cambridge, antes de refugiarse de nuevo en Woolsthorpe hasta abril de 1667.

**Abril de 1665**
Isaac Newton obtiene el grado de *Bachelor of Arts* (licenciado).

**Mayo de 1665**
Isaac considera las tangentes y las órbitas de los planetas.

Liberado de exámenes y de la irritante compañía de otros estudiantes, Isaac podía pensar a sus anchas y experimentar. Hizo brillantes avances en matemáticas y en la ciencia de la física.

El 2 de septiembre de 1666, un segundo desastre golpeó a Londres: el gran incendio destruye la ciudad. Los londinenses escapan en barcos por el río Támesis de las llamas. Para cuando el fuego, que había ardido por cuatro días, terminó, había destruido 13 200 hogares, 89 iglesias y la catedral de San Pablo. Cerca de 100 000 personas quedaron sin hogar y un número desconocido de personas murió en el evento. Gran parte de la vieja ciudad medieval quedó hecha ruinas. Era tiempo de construir una nueva ciudad.

## Un mal que fue una bendición

El gran incendio de Londres en 1666 fue un desastre, pero también trajo varios beneficios. Destruyó muchas de las viejas casas de la ciudad infestadas de ratas. La peste se acabó en diciembre de 1666.

Abajo: Londres se quema en el gran incendio de 1666. A través de las flamas, se ve de pie la silueta de la vieja catedral de San Pablo.

**7 de junio de 1665**
Primeros reportes de la peste en Londres.

**Agosto de 1665**
Isaac Newton deja Cambridge y busca refugio de la peste en la finca de Woolsthorpe.

Como "filósofo natural", Isaac Newton trató de entender más acerca del universo. Su objetivo, como el de muchos otros científicos en ese tiempo, era religioso. Él quería echar luz sobre las maravillas de Dios. Sin embargo, entre más seguía las demandas de la ciencia, más sus creencias se separaban de las creencias tradicionales de la iglesia.

Las matemáticas fueron el gran amor de Newton. No eran una noción abstracta para él, sino una herramienta práctica que podía explicar cómo funcionaban las cosas y cómo había sucedido todo. En febrero de 1665, Isaac había desarrollado el teorema binominal, un uso inteligente del álgebra para resolver logaritmos con un alto grado de exactitud. Los logaritmos son tablas de cifras que hacen más fácil hacer sumas muy complicadas, muy útiles en los días en que aún no existían las calculadoras electrónicas.

Tres meses después, Newton estaba estudiando las órbitas, las rutas que siguen los planetas en su ciclo alrededor del sol. Trató de encontrar una manera de describir su curso en términos matemáticos y decidió que esto podía hacerse considerando la curvatura de la ruta en términos de series de tangentes. En geometría, una tangente es el punto en el que una línea recta toca la curva.

Isaac estaba fascinado con la forma en la que la línea recta puede ser fragmentada en una serie de líneas cada vez más pequeñas y volverse curva.

## Un hombre muy reservado

Isaac Newton llenaba sus cuadernos con cifras y diagramas, pero tendía a reservarse para él mismo sus descubrimientos. Esto condujo a disputas con otros matemáticos más adelante en su vida. El gran matemático alemán Gottfried Leibniz (1646–1716) reclamaba el haber inventado el cálculo antes que Newton.

## 1665

Se publica la *Micrographia* de Robert Hooke. Allí revela que las plantas están hechas de pequeñas células.

## Septiembre de 1665

Se dice que Isaac Newton vio caer una manzana y que eso despertó su interés en la fuerza de gravedad.

Pasó tres años desarrollando un sistema de cálculo de cantidades incluso muy pequeñas. Le llamó *fluxions*, pero nosotros lo conocemos como cálculo. Combina la aritmética con la geometría y el álgebra para comparar la velocidad de cambio de dos cosas. Por ejemplo, puede comparar la distancia recorrida tomando el tiempo, para mostrar los cambios en la velocidad. El cálculo puede usarse para entender la longitud de las líneas curvas o el área de formas irregulares.

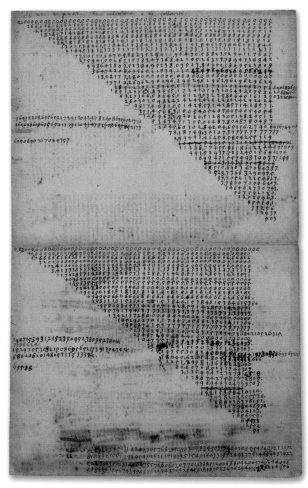

### Contando con piedritas

La palabra *calculus* en latín, quiere decir piedrita. Los griegos y los romanos usaban piedritas para contar. El complejo sistema de cálculo descubierto por Isaac Newton ¡no era tan sencillo!

**Arriba:** No había calculadoras ni computadoras en tiempos de Newton. Él usó el poder de su inteligencia para hacer cálculos hasta de 55 lugares decimales. Estaba fascinado por el infinito, por la idea de que las cosas seguían para siempre. Planteó el problema sobre la noción de un número que a pesar de ser fraccionado infinitamente, jamás llegase al cero

### Noviembre de 1665
Newton empieza a trabajar en problemas matemáticos que llama *fluxions* (cálculo).

### 20 de marzo de 1666
Isaac Newton regresa a Cambridge por unos cuantos meses.

# Nueva ciencia

La rama de la ciencia a la que llamamos física estaba en el centro de las investigaciones del joven Isaac Newton. Estaba fascinado por lo que él pensaba que debían ser las partículas más pequeñas de la materia, llamadas átomos. También llevó a cabo una serie de experimentos para descubrir la naturaleza de la luz.

Newton sabía de las ideas sobre el "atomismo" del filósofo Henry More (1614–87), originario de Grantham. También leyó la teoría atómica del científico francés Pierre Gassendi (1592–1655). Isaac decidió que los átomos debían ser las partículas más pequeñas e indivisibles de la materia, tan pequeñas que no podían ser vistas. No fue sino hasta 1897 que el físico inglés JJ Thomson descubrió que los átomos contenían aún partículas menores, a las que llamó electrones. Científicos posteriores descubrieron que los átomos contienen otras partículas: los protones y los neutrones.

Ahora sabemos que la luz es energía que viaja en ondas. Newton pensaba que estaba hecha de partículas. De hecho, una moderna teoría de la física llamada teoría cuántica muestra que él estaba parcialmente en lo correcto.

**Arriba: Este era el diagrama de Newton de su peligroso experimento del ojo.**

## 1666
Isaac Newton trabaja con prismas para explorar la naturaleza de la luz.

## 1666
Newton continúa desarrollando sus teorías de la gravedad.

Descartes pensaba que la luz era una especie de presión y que los colores eran una mezcla de luz y oscuridad. Newton no estaba convencido. Intentó varios experimentos muy peligrosos como meterse un punzón (especie de aguja despuntada) detrás del ojo para ver qué pasaba y describió los colores que veía. También trató de ver al

### Ver rojo

El color favorito de Isaac Newton a lo largo de su vida fue el carmesí. Cuando le era posible amueblaba su habitación con cortinas, tapicería y almohadones color carmesí.

sol, reflejado en un espejo. Fue afortunado de no quedar ciego y después de eso tuvo que pasar tres días en una habitación a oscuras.

Un experimento un poco menos peligroso lo llevó a cabo usando un prisma, un triángulo de vidrio. Cuando el sol brilla a través de él, el prisma emite un espectro de colores. Isaac se dio cuenta que la luz blanca estaba hecha en realidad de todos esos diferentes colores. Cuando la luz era desviada o refractada por el prisma, los colores separados se hacen visibles. El mismo efecto es creado por el arcoiris, cuando la luz del sol es dispersada a través del prisma natural de las gotas de lluvia. El descubrimiento de Isaac fue un hallazgo muy importante en la comprensión de la luz.

**Derecha: Una fotografía revela cómo un rayo de luz es refractado al pasar a través de un prisma de cristal y dividido en colores separados: violeta, índigo, azul, verde, amarillo, naranja y rojo. Esta gama de colores se conoce como espectro.**

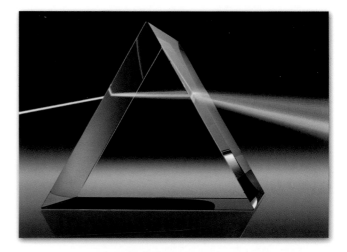

## Junio de 1666
La peste surge de nuevo. Isaac regresa a Woolsthorpe.

## Julio de 1666
Tienen lugar batallas navales entre Holanda e Inglaterra.

Un día de verano, Newton estaba sentado en el huerto de la finca cuando una manzana cayó de una rama y lo sorprendió. Lo dejó pensando acerca de la gravedad, la fuerza que jala a los objetos hacia la tierra. Al menos así es como la historia ha sido contada. La legendaria manzana devolvió uno de los frutos más famosos de la historia.

Isaac debe haber considerado la cuestión de la gravedad desde antes. Había estudiado el trabajo de Galileo y de Kepler acerca de la gravedad. Pero quizás la caída de la manzana lo puso de nuevo a pensar en ello. La gravedad ocuparía su mente los próximos 20 años, mientras desarrollaba y perfeccionaba sus teorías.

**Izquierda: La paz del paisaje de Lincolnshire era inspiradora durante los años de la peste. Un árbol de manzanas en la finca de Woolsthorpe hoy se dice que es descendiente de aquél que en tiempo de Isaac Newton se hizo famoso y que sobrevivió hasta 1820.**

### 2 de septiembre de 1666
El gran incendio comenzó en Pudding Lane, Londres.

### 6 de septiembre de 1666
El gran incendio se consumió por sí solo. La catedral de San Pablo fue destruida.

*" Y el mismo año [1665] comencé a pensar acerca de la gravedad extendiéndose a la órbita de la luna... y de allí calcular la fuerza para mantener a la luna en su órbita con la fuerza de gravedad de la superficie de la Tierra, y encontré la respuesta con bastante precisión. Todas estas guerras en los dos años de la peste de 1665–66. Por aquellos días estaba en la etapa principal de mi vida de inventor, de pensamiento matemático y de filósofo más que nunca desde entonces"*

**Isaac Newton recuerda sus años en Woolsthorpe**

Si la gravedad de la tierra jalaba la manzana hacia abajo ¿por qué la luna no era jalada hacia abajo por la Tierra igualmente? Newton dio un paso atrás del problema y se preguntó a sí mismo otra cuestión: ¿por qué la luna no se iba lejos volando por el espacio? ¿se sotenía en órbita alrededor de la Tierra por la fuerza de la gravedad? Ésta fue la primera vez que alguien pensaba que la gravedad podía gobernar a los planetas así como a los objetos terrestres. Como una pelota atada a una cuerda y que gira alrededor de la cabeza de alguien, la luna no podía escapar. La razón de que no se estrellara como la manzana era que, a esa distancia, la fuerza de gravedad era más débil que en la superficie de la Tierra.

En 1667 Isaac deja Woolsthorpe. Cambridge estaba finalmente regresando a la acción después de los años de peste. La madre le dio algo de dinero y él se encaminó para la universidad una vez más. Los meses con su madre habían valido la pena. Aunque pocas personas habían escuchado hablar sobre este joven investigador él ya era un un científico o "filósofo natural" de vanguardia.

**Diciembre de 1666**
La peste llega a su fin en Londres.

**Abril de 1667**
Isaac Newton regresa a la universidad de Cambridge.

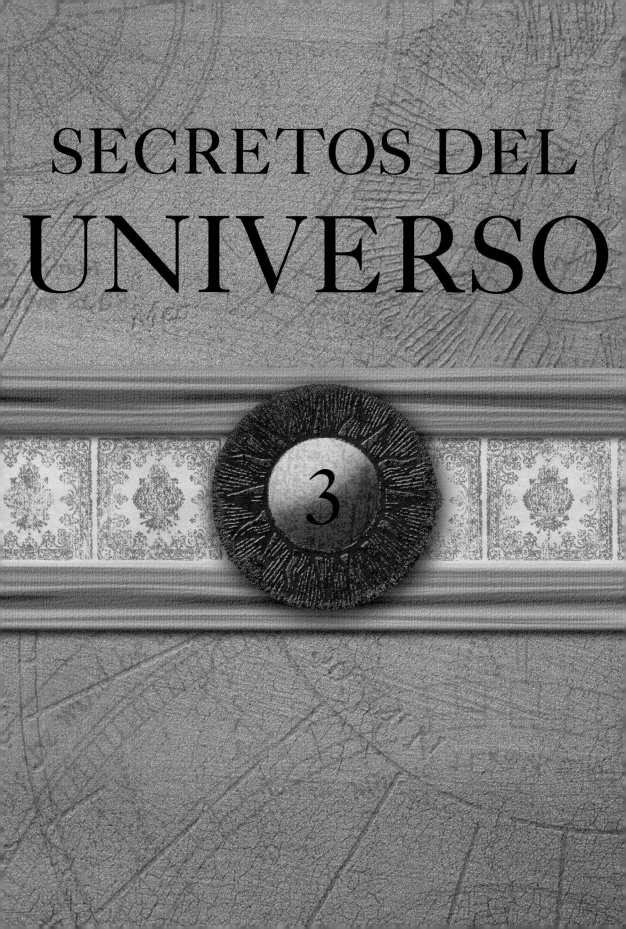

# La vida académica

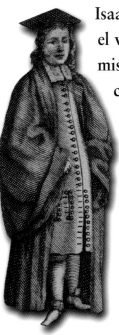

Isaac Newton estaba de nuevo en Cambridge. Durante el verano de 1667, se relajó y comenzó a disfrutar de sí mismo, probablemente, por primera vez en su vida. Jugaba cartas y visitaba tabernas. También comenzó a pensar en los siguientes pasos de su carrera.

Isaac necesitaba convertirse en miembro *junior* del Trinity College para poder recibir un ingreso y una habitación gratuita en el colegio. Esto era un problema, ya que con frecuencia se necesitaba tener influencia política o amigos en altos cargos para lograrlo. Como estudiante, Isaac había sido solamente un *subsizar*, pero había hecho contacto con Humphrey Babington. Babington era pariente de los Clark de Grantham y había sido hecho miembro *senior* el año anterior.

En septiembre de 1667 fue examinado. La elección de miembros *junior* continuaba en octubre y Newton tuvo éxito. El año siguiente fue promovido a miembro *senior* y recibió su grado de *Master of Arts* (maestría).

La obra de Newton captó la atención de Isaac Barrow (1630–77), quien desde 1664 había sido profesor Lucasiano de matemáticas en Cambridge. Barrow estaba impresionado por las habilidades del joven hombre y eso llevó a a que le ofrecieran a

**Arriba:** al regresar a Cambridge, Isaac Newton tuvo que comprar la ropa adecuada para asistir a la universidad. Ésta incluía una capa, toga y capucha.

**Página anterior:** Isaac Newton construyó este fino telescopio en 1668.

## 2 de octubre de 1667
Isaac Newton es electo miembro *junior* del Trinity College. Se vuelve miembro *senior* en marzo de 1668.

## Febrero de 1668
Newton trabaja en el diseño de un nuevo telescopio.

## Profesor Lucasiano

La cátedra Lucasiana de matemáticas en la universidad de Cambridge fue llamada así por Henry Lucas, quien estableció el cargo en 1664. Entre los profesores lucasianos famosos después de Newton estuvieron Charles Babbage, inventor de máquinas de calcular y el experto en hoyos negros Stephen Hawking.

**Abajo:** La mesa de trabajo de Newton es recreada en el Trinity College. Los instrumentos sobre la mesa incluyen un prisma para dispersar la luz, un astrolabio para estudiar las estrellas y tablas de logaritmos.

Newton ser profesor de la cátedra Lucasiana en 1669, tras la renuncia de Barrow.

Normalmente Newton hubiera tenido que convertirse en sacerdote para calificar. Al principio estuvo de acuerdo, pero pospuso la decisión. Su razón secreta era que no podía seguir aceptando la fe cristiana en la Trinidad. En 1675, la universidad decidió que Newton no tenía que hacerse sacerdote y así tomó

**5 de agosto de 1668**
Isaac Newton realiza su primera visita a Londres.

**29 de octubre de 1669**
Newton es electo profesor Lucasiano de matemáticas. Toma el cargo en 1675.

# Tinajas y telescopios

En su nuevo puesto como profesor Lucasiano de matemáticas, Isaac Newton no era un gran comunicador. Se esperaba que diera clases, pero pocos estudiantes acudían. Eso era muy común en ese periodo en Cambridge. Newton estaba, de hecho, más distraído de las matemáticas en ese momento por una nueva pasión: la alquimia.

Izquierda: Newton mismo esbozó esta copia de un diagrama simbólico de la misteriosa piedra filosofal. Para un genio que descubrió tantas cosas, esto era un tema de investigación que no le llevaría a ningún lado.

La alquimia era una versión antigua de la química, más mística que científica. Su propósito era la unión simbólica entre el individuo y el universo que se creía contenía materiales o principios opuestos pero dependientes entre sí, como la tierra y el aire, el fuego y el agua. La unión más perfecta de las sustancias se creía que era el oro, símbolo de Dios. Los alquimistas estaban obsesionados en convertir metales no valiosos en oro, con frecuencia no por razones espirituales, sino para hacerse ricos. La alquimia estuvo relacionada con toda clase de trucos y fraudes. Los alquimistas despertaban incluso sospechas de estar en pacto con el diablo.

## 1669
Isaac Newton realiza experimentos métodicos de alquimia.

## 1669
Un alquimista alemán llamado Hennig Brandt descubre el fósforo mientras busca la piedra filosofal.

Entre todo este enredo de abracadabra, los alquimistas estaban haciendo algo útil al experimentar con los metales y con otras sustancias, descubriendo más acerca de ellos. Si cada sustancia estaba hecha de pequeños átomos, entonces seguramente no estaba lejana la posibilidad de creer que era posible reordenarlos y transformar un metal en otro, un metal básico como el plomo en oro, por ejemplo. Muchos grandes científicos estuvieron interesados en la alquimia. Robert Boyle (1627–91), científico irlandés visto como el padre de la química moderna era un alquimista.

Es difícil sorprenderse, entonces, de que Isaac Newton comenzara a experimentar con ella a finales de los años 1660. Una historia cuenta que, mientras hacía un experimento en 1677, Isaac ¡voló sus habitaciones en Cambridge y empezó un incendio!

Isaac escribió a otros alquimistas, en secreto: no quería ser acusado de magia negra o de delitos contra la religión.

**Arriba: Un dibujo de 1652 muestra el laboratorio de un alquimista, con crisoles, calderas y tinajas.**

### La piedra filosofal

El ingrediente mágico buscado por los alquimistas –y jamás encontrado– era llamado la "piedra filosofal". Se creía que podía convertir metales en oro. También se decía que podía producir un líquido conocido como "elixir de la vida", el cual podía ayudar a alguien a vivir eternamente.

**Noviembre de 1669**
Miguel Ángel es comisionado por el papa Paulo III para remodelar los edificios del Capitolio en Roma.

**1670**
Comienza la reconstrucción de Londres bajo la dirección del arquitecto Christopher Wren.

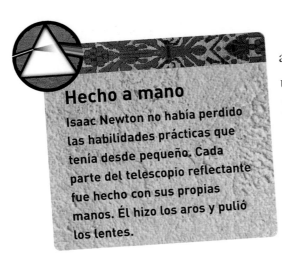

**Hecho a mano**

Isaac Newton no había perdido las habilidades prácticas que tenía desde pequeño. Cada parte del telescopio reflectante fue hecho con sus propias manos. Él hizo los aros y pulió los lentes.

El interés de Isaac Newton en la alquimia era el de un idealista con una mente curiosa y abierta –más que la de alguien que quisiera dedicarse a la magia. De hecho, fue Newton quien finalmente introdujo la era de la ciencia que ahuyentó a la superstición. En ese entonces, estaba perfeccionando un dispositivo más práctico para investigar los secretos del universo. Se trataba del telescopio reflectante.

El telescopio reflectante había sido el primer telescopio, inventado por el fabricante holandés de lentes Hans Lippershey (muerto c. 1619), en 1608. Fue mejorado de manera importante por Galileo en 1610 y aun se encuentra en uso. La luz entra a un tubo que pasa a través de una lente cóncava (curvada hacia dentro) que desvía o refleja la luz, permitiendo enfocar una imagen. Esa imagen es luego magnificada por una segunda lente en el visor.

Otros científicos habían tratado de mejorar el telescopio. En 1663, el matemático escocés James Gregory (1638–75) había desarrollado espejos que podían producir una imagen más clara. Robert Hooke (1635–1703) fabricó el primer telescopio reflectante, el cual utilizó para hacer descubrimientos en el cielo nocturno. Sin embargo, fue Newton quien diseñó y construyó el mejor de todos, en febrero de 1668: podía magnificar objetos distantes tanto como 40 veces. La luz entrante al tubo era reflejada por un espejo cóncavo hacia un espejo plano, el cual se colocaba en un ángulo de 45 grados. Esto transmitía la imagen en el visor, donde era magnificada por los lentes.

**Enero de 1670**

Isaac Newton da su primera clase sobre óptica.

**Diciembre de 1671**

El telescopio reflectante de Newton es mostrado a la *Royal Society*. Él es postulado como miembro de la misma.

En 1671, el telescopio de Isaac fue mostrado en la *Royal Society*, asociación de los más distinguidos científicos de Bretaña, y al mismo rey.

Un reporte fue enviado al científico holandés Christiaan Huygens (1629–95), el gran experto en óptica (la ciencia de la luz y la visión), como era costumbre de que los científicos principales intercambiaran sus reportes.

**Derecha: Este esbozo muestra el telescopio reflectante de Newton. El visor está en la parte superior del tubo (justo debajo del esbozo del ojo). La imagen dibujada abajo a la izquierda muestra una corona colocada en una veleta a 90 m a lo lejos. La figura A muestra la corona vista a través del telescopio reflectante de Newton, de 31 cm de longitud, mientras que la figura B muestra la corona vista a través de un telescopio reflectante de 64 cm de longitud.**

**11 de enero de 1672**
Isaac Newton es electo a la *Royal Society*.

**8 de febrero de 1672**
Newton manda una carta sobre la luz y el color a la *Royal Society*. Ésta es criticada por Robert Hooke.

# La *Royal Society*

En la década de 1640, un grupo de filósofos naturalistas y matemáticos comenzaron a reunirse en Londres para discutir y comparar datos. Tenían contacto estrecho con otros filósofos naturalistas que solían reunirse en Wadham College, en Oxford. De 1659 en adelante sostuvieron reuniones en el Gresham College de Londres. En 1660 fundaron la *Royal Society* como academia oficial de ciencias y se le dio el carácter real (del rey) en 1662. Uno de sus miembros directivos era el gran físico y químico Robert Boyle. Su primer director de experimentos fue Robert Hooke. En 1671, el astrónomo Seth Ward (1617–89) propuso la membresía de Isaac Newton y fue electo en enero de 1672. Sin embargo, Newton y Hooke nunca se agradaron y con frecuencia discutían. Hooke era muy argumentativo y Newton era muy susceptible.

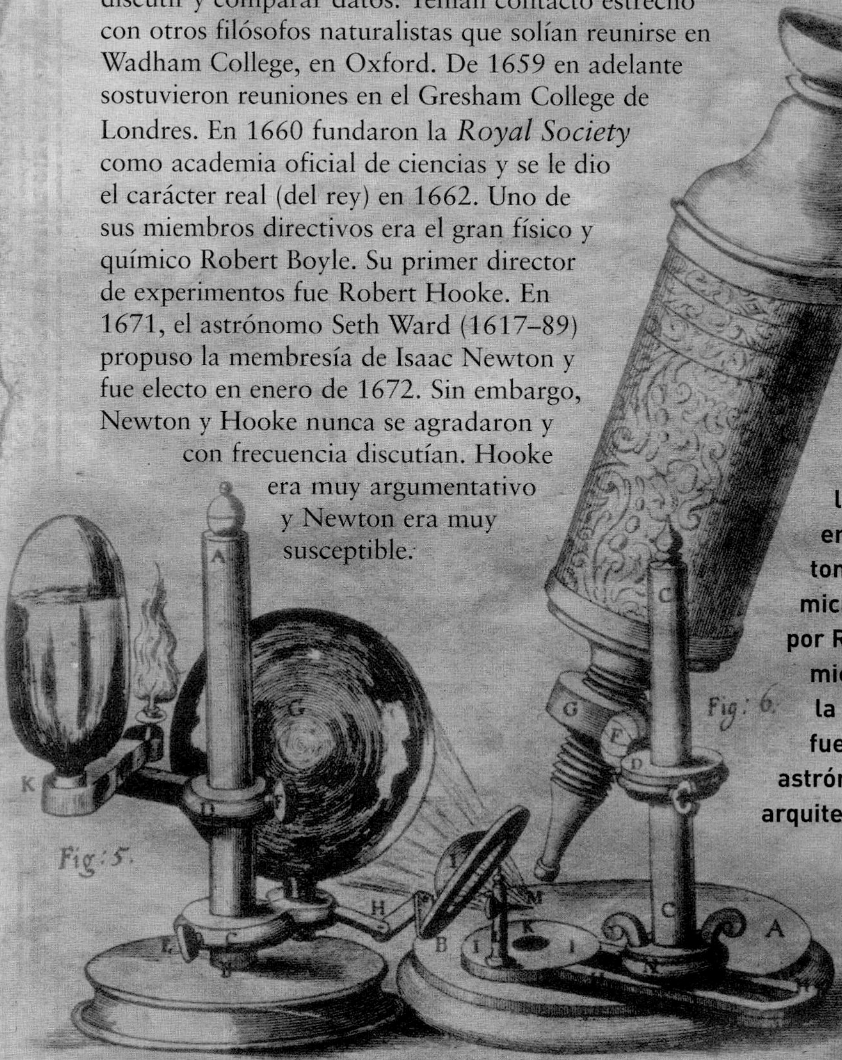

**Izquierda: La *Royal Society* se preciaba de hacer investigación original. Se creía en la experimentación y en la prueba, nada se tomaba por dado. Este microscopio fue diseñado por Robert Hooke, un miembro directivo de la *Royal Society*. Hooke fue un brillante físico, astrónomo, inventor y arquitecto.**

*Fig: 5.*

*Fig: 6.*

**Derecha: Isaac Newton fue electo para el consejo de la *Royal Society* en 1699 y se convirtió en su presidente para el 30 de noviembre de 1703. Esta imagen posterior muestra a Newton (centro) en una reunión.**

SIR,

THESE are to give Notice, That on Monday the First Day of December 1712, (being the next after St. ANDREW's DAY) the Council and Officers of the ROYAL SOCIETY are to be Elected for the Year ensuing; at which ELECTION your Presence is expected, at Nine of the Clock in the Forenoon, at the House of the ROYAL SOCIETY, in Crane Court, Fleet Street.

To
Thomas Ifted Efqs

Is. Newton P.R.S.

**Izquierda: La firma de Isaac Newton como presidente aparece en esta notificación de elecciones de la *Royal Society* en 1712. Al paso de los años, algunos de los más famosos nombres en la historia de la ciencia serían electos como miembros de la *Royal Society*.**

**Abajo: La *Royal Society* tenía varias sedes en Londres. Esta es Crane Court, la cual se convirtió en sede principal en 1710, durante la presidencia de Isaac Newton.**

# Colas de cometas

En 1679 la madre de Isaac murió de una fiebre. Él tuvo que regresar a Woolsthorpe desde Cambridge para arreglar asuntos familiares. Isaac tenía ahora 37 años y era un respetado miembro de la *Royal Society*.

La mente de Isaac estaba ocupada en la astronomía en este momento. Entre 1679 y 1680, intercambió cartas con Robert Hooke acerca del movimiento de los planetas. Newton también observó a los cometas en el cielo nocturno. Los cometas son pelotas de roca, polvo y hielo que producen una larga cola a medida que se aproximan al sol. En la antigüedad, la gente pensaba que los cometas advertían desastres o eventos importantes. En tiempos de Newton, la gente tenía muy pobre idea de lo que los cometas eran o cómo se movían. Algunos científicos, como Christiaan Huygens, pensaban que los cometas se movían en línea recta. Sin embargo, Robert Hooke y el astrónomo italiano Giovanni Cassini (1625-1712) creían que los cometas seguían una órbita

Izquierda: En 1684, Newton intercambiaba ideas acerca de la gravedad y del movimiento planetario con Robert Hooke, Edmond Halley y el gran arquitecto Christopher Wren. Newton más adelante preparó una serie de ensayos conocidos en latín como: *De Motu Corporum in Gyrum* ("Acerca del movimiento de los cuerpos en órbita").

## 1680–81
Isaac Newton observa cometas en el cielo nocturno.

## Enero de 1684
Newton, Halley, Hooke y Wren intercambian ideas acerca de la gravedad y el movimiento de los planetas.

Izquierda: El nuevo observatorio de Greenwich, a un lado del río Támesis, estaba dirigido por John Flamsteed, primer astrónomo real de Bretaña.

curva alrededor del sol. En 1684–85 Newton hizo cálculos que mostraban que la ruta del cometa que apareció en 1680 era de hecho una curva.

Newton pensaba que los cometas deben tener una función en el espacio, tal como renovar el combustible solar. Estaba equivocado, pero sus cálculos después hicieron posible al astrónomo inglés Edmond Halley (1656–1742) predecir que el cometa que observó en 1682 aparecería nuevamente en 1758–59 en el curso de su órbita.

Los cálculos de Newton sobre las órbitas también desacreditaron la teoría de que el gas llamado éter llenaba el universo. Mostró que los planetas se mueven a través del espacio sin ser detenidos por ninguna sustancia de tal clase.

Newton pudo seguir su trabajo sobre los planetas, la luna y las órbitas gracias al trabajo del astrónomo John Flamsteed (1646–1719). Sin embargo, Newton acusó a Flamsteed en ser demasiado lento para completar sus cálculos.

## La moda del café

Newton era visitante frecuente en el Londres de los años 1680. Los lugares de moda para encontrarse eran los cafés. Era allí donde los hombres de negocios y los políticos hacían tratos e intercambiaban rumores y noticias. Algunos historiadores dicen que Newton y sus colegas en ocasiones se encontraban en las cafeterías para discutir sus ideas científicas.

### Noviembre de 1684
El ensayo de Newton *De Motu* es recibido por la *Royal Society*.

### Diciembre de 1684
Gottfried Leibniz publica su teoría del cálculo en *Novus Methodus* (Nuevo método).

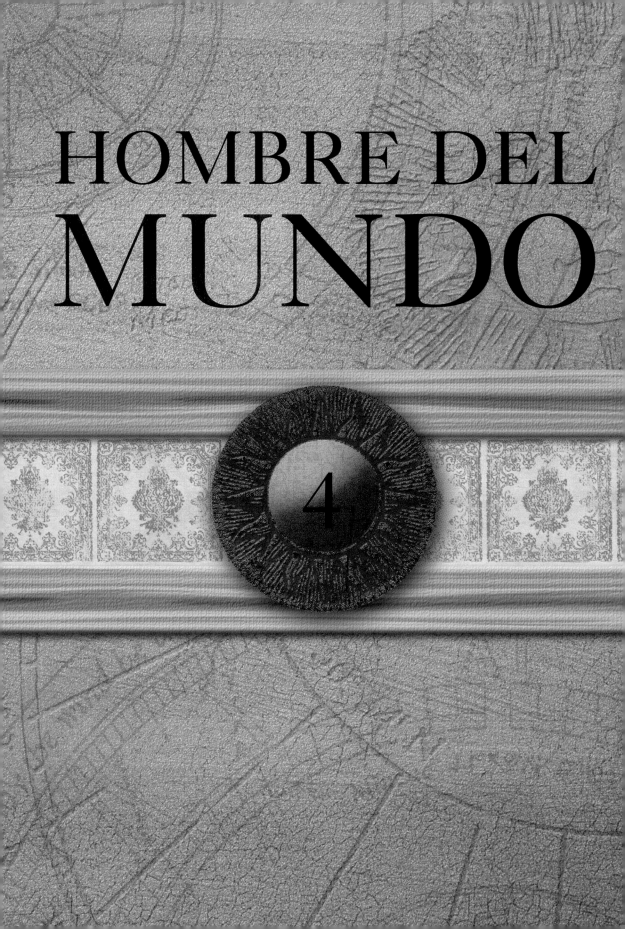

# HOMBRE DEL
# MUNDO

4

# Los *Principia*

En 1686, como veinte años después del gran periodo de Isaac Newton de pensamiento creativo, sus teorías fueron finalmente mejoradas y perfeccionadas al punto de poder ser publicadas. Su gran obra se llama los *Principia Mathematica* y fue publicada en tres volúmenes. Su título completo en inglés significa "Principios matemáticos de filosofía natural."

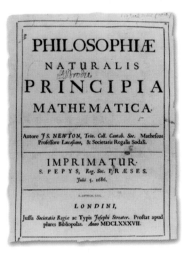

**Arriba: En abril de 1686, el primer volumen de los *Principia* fue presentado a la *Royal Society*. Los otros volúmenes fueron impresos al año siguiente.**

**Página anterior: Una "feria del hielo" se lleva a cabo en Londres sobre el río Támesis congelado, por los días en que Newton llegaba a la ciudad.**

El propósito de Newton era describir las leyes universales del movimiento detrás de las fuerzas de la naturaleza. ¿Por qué y cómo se mueven las cosas? ¿Qué hace que suba su velocidad o baje hasta llegar a detenerse? La respuesta de Newton vino por triplicado.

La primera ley del movimiento establece que un objeto en movimiento permanecerá en movimiento hasta que una fuerza le sea aplicada. Hoy sabemos que una nave espacial puede moverse a través del espacio por siempre, hasta que sea afectada por la atracción de la gravedad o entorpecida por la atmósfera de un planeta. Al igual que un objeto que no está en movimiento, permanecerá así hasta que una fuerza exterior le sea aplicada.

La segunda ley del movimiento establece que la aceleración de un objeto depende de dos cosas: la masa del objeto y la fuerza que actúa sobre él. A

### 6 de febrero de 1685
Muere el rey Carlos II. Su hermano James II de Inglaterra (James VII de Escocia) toma su lugar.

### 1686
Edmond Halley publica la primera carta mundial meteorológica o del clima.

medida que la fuerza se incrementa, asimismo la aceleración.

Sin embargo, si la masa del objeto se incrementa, el objeto disminuye su velocidad. Newton expresa esta relación con una ecuación en la cual, la fuerza se representa por "F", la masa del objeto es "m" y la aceleración es "a". La relación entre estos términos puede ser representada como: F=ma, la fuerza aplicada es igual a la masa por la aceleración.

La tercera ley del movimiento establece que para cada acción corresponde una reacción opuesta: un nadador se empuja en contra del agua, el agua empuja en contra del nadador.

En los *Principia*, concluye sus estudios sobre la gravedad. Postula que todo objeto en el universo atrae a los demás. La fuerza de atracción, conocida como gravedad, reside en el centro de cada objeto. La potencia de esa fuerza está determinada por la masa de los dos objetos y la distancia entre ellos.

## Plumas erizadas

La publicación de los *Principia* casi no llega a realizarse. Hooke se quejó de que él debía tener crédito en el libro por su trabajo sobre la gravedad. Newton se enfureció. Fue Halley quien calmó a los dos hombres y aseguró que el libro fuera finalmente impreso.

**Derecha. Para los 46 años, cuando fue pintado este retrato, Isaac era ampliamente reconocido como un genio. A través de Europa, su trabajo fue reconocido como hazaña histórica.**

## 1686–87

*Principia Mathematica* es presentado ante la *Royal Society* en tres volúmenes y publicado con la ayuda de Halley.

## 1688

Gloriosa Revolución Británica: Guillermo de Orange es invitado a ser rey.

# Amigos y enemigos

Arriba: Un matemático suizo llamado Nicholas Fatio de Duillier (1664–1753) era uno de los pocos amigos cercanos de Isaac Newton. Se conocieron por primera vez en 1689, cuando Fatio era miembro de la *Royal Society*. Fatio era un joven dramático y más bien fanfarrón. La amistad entre Fatio y Newton fue rota en 1693, y esto debe haber llevado a Newton a la depresión.

La publicación de los *Principia* fue el punto cúspide de la carrera científica de Isaac Newton. Pero sus peleas sin fin con Robert Hooke mostraban que cada vez se volvía más irritable y colérico. Periodos de rabia le estimulaban a veces a pensar más, pero otras veces a estancarse en periodos de negra desesperación.

Isaac con frecuencia se sentía enfermo. De hecho, pasó mucho tiempo de su vida imaginando que padecía una enfermedad u otra. En 1693, sufrió una crisis nerviosa, un periodo de depresión severa.

Newton tenía pocas dudas sobre su propio genio científico. De hecho, con frecuencia se mostraba arrogante. Sin embargo, siempre estaba nervioso de que sus puntos de vista sobre la religión y la alquimia fueran descubiertos. Quizás el problema era aún más profundo. Algo había carcomido la felicidad interna de Isaac y su seguridad desde que era niño. Siempre estaba presto a tomar una ofensa.

El ayudante de Isaac, Humphrey Newton (sin

## 23 de diciembre de 1688
James II huye a Francia, dejando a su yerno y a su hija, Guillermo de Orange y María, para que asumieran el trono.

## 1689
Isaac Newton conoce a Nicholas Fatio de Duillier y también al filósofo John Locke.

relación de parentesco), quien fuera contratado en 1683–4, decía que él sólo vio a su patrón reír una vez y que fue acerca de la geometría.

Isaac Newton tenía algunos aliados que le ayudaban a través de los periodos difíciles. John Locke, el gran filósofo inglés (1632–1704), admirado por los métodos científicos de Newton se hizo su amigo. Samuel Pepys (1633–1703) era otro de ellos. Presidente de la *Royal Society* por un tiempo, Pepys es ahora más famoso por sus diarios secretos sobre la vida en Londres en los años 1660. El gran arquitecto Christopher Wren (1632–1723) conoció también a Newton y era una figura importante en la *Royal Society*.

Debajo: La obra maestra de Sir Christopher Wren fue la nueva catedral de San Pablo, construida entre 1675 y 1710. Wren se encargó de reconstruir gran parte de Londres después del gran incendio de 1666.

**Enero de 1692**
Isaac Newton asiste al funeral de Robert Boyle en Londres.

**Julio de 1693**
Isaac Newton tiene una profunda crisis nerviosa.

# Vida en Londres

En el siglo XVII, la Universidad de Cambridge era considerada una institución tan importante que enviaba a su propio representante al parlamento británico en Londres. En 1689, Isaac Newton fue electo para ser ese miembro del parlamento.

Newton sirvió como miembro del parlamento por un año. Reportaba a Cambridge, pero no pronunció discursos en el parlamento. El nuevo puesto en realidad significó que ahora debía pasar mucho más tiempo en Londres. Estimulado por sus amigos como Locke, empezó a hacer útiles contactos sociales.

Pronto se convirtió en una celebridad en los círculos de moda y lo más notable fue que se dio cuenta que le gustaba. En 1689 fue invitado a cenar con el rey Guillermo III. Fue amigo de gente poderosa de la corte real, como Charles Mordaunt, conde de Monmouth, y de Sir Francis y Lady Masham.

Charles Montagu, quien había estado en la universidad con Isaac, controlaba ahora las

**Derecha.** Una placa celebra el reinado de Guillermo III y de María II. María era la hija protestante del católico rey James II de Inglaterra (VII de Escocia). Cuando James abandonó el país, María y su esposo, el holandés Guillermo de Orange, fueron invitados a gobernar en conjunto en su lugar, a partir de 1689.

## Marzo de 1696
Isaac Newton se convierte en guardián de la Casa Real de la Moneda.

## Abril de 1696
Newton se muda a Londres para asumir sus nuevas obligaciones.

Derecha. Una ilustración del siglo XVIII en Francia muestra monedas hechas en una casa de moneda. En días de Newton, la Casa de Moneda Real inglesa tenía su base en la Torre de Londres.

finanzas de la nación como ministro de Hacienda.

En marzo de 1696, Isaac Newton fue nombrado guardián de la Casa Real de la Moneda, donde se acuñaban las monedas. No se esperaba que realizara un gran trabajo; mas bien el cargo tenía la intención de otorgar un favor o un honor personal. Sin embargo, Newton tomó el trabajo muy en serio y se encargó de la introducción de nuevas monedas –diseñadas para ser más difíciles de forjar o de falsificar que las antiguas.

En abril de 1696, Newton decidió moverse a Londres y en ese agosto puso su casa en Jermyn Street. Catherine Barton, hija de su media hermana, se mudo con el para ser su ama de llaves. Aunque Newton todavía era profesor de la cátedra Lucasiana de Cambridge, en 1699 recibió un nuevo título como amo de la Casa Real de la Moneda. Isaac Newton, el hombre con su cabeza en las estrellas, se convirtió en un hombre de mundo.

## Cazando falsificadores

En el siglo XVII, la falsificación era común y muchas monedas eran falsas o poseían el valor del metal del que estaban hechas. Durante su tiempo en la Casa Real de la Moneda, Isaac Newton persiguió a los falsificadores llevando a muchos a enfrentar a la justicia y a la horca.

**Agosto de 1696**
Isaac Newton estableció un nuevo hogar en Jermyn Street, Londres.

**Enero de 1697**
Leibniz y Bernoulli postularon un difícil problema matemático que Newton resolvió en una noche.

Al igual que en su propio país, Isaac Newton fue honrado también al otro lado del mar, al ser hecho socio de la Academia Francesa de Ciencias en 1699. Sin embargo, tanto en casa como en el extranjero, algunos científicos estaban celosos de él, siendo pocos abiertamente críticos. Aunque él tenía la confianza de la alta sociedad londinense, era tan susceptible como todos cuando se trata de la obra de su vida. Él solía ser mezquino y rencoroso con sus críticos.

En noviembre de 1701, Isaac fue electo para servir otro periodo como miembro del parlamento por la universidad de Cambridge. Al mes siguiente renunció como profesor Lucasiano. En 1702 murió el rey Guillermo III en un accidente hípico. Como la esposa de Guillermo ya había muerto, su cuñada Ana se convirtió en reina.

Marzo de 1703 trajo noticias de otra muerte, del viejo enemigo

**Derecha. Este retrato muestra a Isaac Newton en 1703 a la edad de sesenta años. Fue pintado por Charles Jervas y presentado ante la *Royal Society* en 1717.**

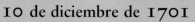

**10 de diciembre de 1701**
Isaac Newton renuncia como profesor Lucasiano de matemáticas en Cambridge.

**30 de noviembre de 1703**
Newton es electo presidente de la *Royal Society*.

de Newton, Robert Hooke. Esto le dejó el camino abierto para que Isaac fuera electo presidente de la *Royal Society* al fin. Dirigió la organización con gran eficiencia. Newton sintió que ahora podía sacar su obra a la luz sin las objeciones de Hooke resonando en sus oídos. Hooke había disputado los hallazgos de Newton sobre el espectro durante años. *Opticks* fue publicado, de manera inusual, en una edición inglesa y otra en latín en 1704. La versión de Newton del cálculo, llamada *Fluxions*, también fue impresa, lo que le provocó un desacuerdo con el matemático alemán Gottfried Leibniz. La disputa sobre quién había descubierto primero el cálculo siguió en pie hasta la muerte de Leibniz, en 1716.

En 1705, Isaac fue reconocido con un gran honor cuando fue nombrado caballero, Sir Isaac Newton. Ahora era rico, con una buena casa en Londres y sirvientes. Su bella e inteligente sobrina era cortejada por gente rica y famosa. Había recorrido un largo camino desde su niñez en una granja de Lincolnshire.

Arriba: En 1710, Sir Isaac Newton se mudó a esta casa cerca de la plaza de Leicester en Londres y vivió allí hasta 1725. El edificio se muestra en 1812, tiempo en que era usado como escuela dominical.

## Los pelucas grandes

Hoy usan en Inglaterra la palabra *bigwigs* (pelucas grandes) para referirse a gente importante. El término data de finales de 1600 y principios de 1700, cuando la moda francesa de largas pelucas completas fue asumida en Londres por los hombres de la alta sociedad. Pinturas de Newton en sus últimos años lo muestran con una de esas pelucas.

**Febrero de 1704**
Newton publica la primera edición de su *Opticks*.

**16 de abril de 1705**
Isaac Newton es nombrado caballero por la reina Ana en Cambridge.

# "Todo era luz"

El siglo XVIII es a veces llamado Era de la Razón o de la Ilustración. Marca el inicio del mundo moderno, del avance científico y el conocimiento. Aunque Newton perteneció a la vieja generación de filósofos naturalistas, hizo mucho más que otros científicos en cuanto a sus aportaciones sobre nuevas maneras de pensar. El papel que Newton jugó fue ampliamente reconocido en los años después de su muerte. En 1730, el poeta inglés Alexander Pope (1688–1744) escribió:

> "Naturaleza y leyes de la naturaleza descansaban, escondidas en la noche, Dios dijo: ¡Hágase Newton! Y todo fue luz."

**Arriba: El legado de Newton no impresiona a todos. El poeta y artista inglés William Blake (1757–1827) creía que la era científica ignoraba la imaginación humana y los sueños. Esta pintura de Blake de 1795 muestra a Isaac Newton midiendo seriamente al universo y mirando fijamente a sus propios diagramas.**

La luz de los destellos de Newton ha alumbrado por siglos y producido un impresionante espectro de descubrimientos científicos, inventos y teorías. Newton todavía es honrado de muchas maneras. El "newton" es una unidad de medida de la fuerza nombrada así en honor suyo.

**Izquierda: Albert Einstein (1879–1955) compartió con Isaac Newton la fascinación por la gravedad, la luz, el movimiento y el universo. Sin embargo, se dio cuenta que las leyes de Newton no eran tan inamovibles como todos creían. Einstein mostró que tiempo y movimiento no funcionan según leyes inmutables, sino que varían de acuerdo con la velocidad a la que se mueven. Esta teoría se conoce como "relatividad".**

**Izquierda:** La Tierra se eleva sobre el horizonte de la luna, como es vista por el módulo de mando de la nave espacial Apolo XII en noviembre de 1969. Sin los descubrimientos de Isaac Newton sobre la gravedad, los viajes espaciales serían imposibles.

**Izquierda:** Un grupo de domos cubren al Grupo Isaac Newton de telescopios (conocido como ING), el cual empezó a operar en 1984. Se encuentran situados en La Palma, una de las Islas Canarias de España.

# Activo hasta el final

A medida que envejecía, Isaac pasaba su tiempo leyendo historia antigua y la Biblia. Estaba tratando de desarrollar una escala de la historia humana, pero demostró ser una tarea demasiado grande. A pesar de su mala salud, continuó cumpliendo con sus obligaciones públicas.

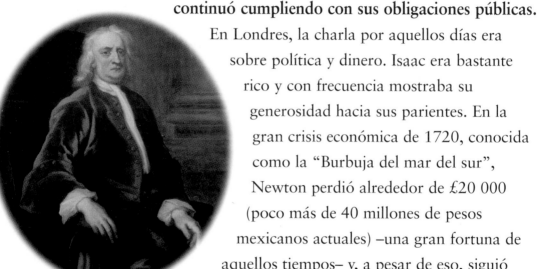

**Arriba:**
**Retrato de Isaac Newton a los 82 años. Hasta el final, trató de mantener sus deberes en la Casa Real de Moneda y en la** *Royal Society*

En Londres, la charla por aquellos días era sobre política y dinero. Isaac era bastante rico y con frecuencia mostraba su generosidad hacia sus parientes. En la gran crisis económica de 1720, conocida como la "Burbuja del mar del sur", Newton perdió alrededor de £20 000 (poco más de 40 millones de pesos mexicanos actuales) –una gran fortuna de aquellos tiempos– y, a pesar de eso, siguió siendo bastante rico. Decía que podía calcular el movimiento de cuerpos pesados, pero no la locura de la gente cuando se trataba de cosas de dinero.

En 1725, John Conduitt, quien se casó con la sobrina de Isaac, Catherine, comenzó a escribir las memorias de Isaac. Tenía 82 años de edad. Por aquellos tiempos, la salud de Isaac empezó a decaer. Sufría toda clase de achaques, incluyendo piedras en los riñones, gota y neumonitis. Comía poco, generalmente sólo caldos, y a veces tenía que usar silla de ruedas.

**14 de noviembre de 1716**
Muere el viejo rival de Newton, Gottfried Leibniz.

**1725**
Newton cuenta sus memorias a John Conduitt, marido de Catherine Barton.

*"Sé lo que soy para el mundo, pero para mí, no he sido más que un niño jugando a las orillas del mar, divirtiéndome en el ahora y después encontrando una pequeña piedra o una bella concha, mientras el gran océano de la verdad yace en su inmensidad de misterios delante de mí."*

Isaac Newton

A inicios de 1727, Isaac quemó muchos de sus papeles personales, alerta de que no viviría mucho tiempo más. Estos papeles pueden haber sido notas sobre alquimia o material acerca de su vida privada, Newton era un hombre muy reservado. Murió en las primeras horas del 20 de marzo de 1727, en el distrito londinense de Kensington, donde había vivido los últimos dos años de su vida.

El 28 de marzo, el cuerpo de Newton descansaba en la abadía de Westminster, un honor otorgado sólo a quienes son considerados de gran importancia. En su funeral, el 4 de abril, el ataúd fue cargado por duques y condes, y seguido a la tumba por miembros de la *Royal Society*. Fue como un funeral de la realeza, dijeron algunos ¡y por un científico! Era seguro que estabamos en una nueva era.

**Derecha. Un monumento de ornato a Sir Isaac Newton fue colocado en la abadía de Westminster en 1731. Su inscripción en latín dice: "Mortales, regocijaos de que haya existido tan gran maravilla de la raza humana."**

**20 de marzo de 1727**
Sir Isaac Newton muere en su casa de Kensington, Londres.

**4 de abril de 1727**
Un funeral de estado tiene lugar para Sir Isaac Newton en la abadía de Westminster en Londres.

# Glosario

**Aceleración**  incremento en la velocidad.

**Álgebra**  estudio de las relaciones matemáticas utilizando letras y símbolos.

**Alquimia**  práctica no científica que en algún tiempo se llevó a cabo con la esperanza de transformar metales como el plomo en oro.

**Astrónomo**  alguien que estudia los planetas, satélites y estrellas, así como el funcionamiento del universo.

**Átomo**  en tiempos de Newton el término dado a la partícula más pequeña de materia. Hoy sabemos que los átomos están hechos de partículas aún más pequeñas.

**Bachiller, grado de**  primer grado o nivel de estudios universitarios. En México es el equivalente a una licenciatura.

**Binomial, teorema**  una fórmula que da potencia a cualquier binomio sin multiplicar cada suma de manera total.

**Binomio**  en álgebra, una suma de dos partes como "2x + 3y".

**Boticario**  palabra antigua usada para referirse a los farmacéuticos.

**Cálculo**  sistema matemático que usa medidas muy pequeñas para comparar una velocidad de cambio con otra.

**Casa Real de la Moneda**  lugar oficial en el que se acuña la moneda.

**Católico**  un seguidor de la Iglesia Católica con base en Roma.

**Cometa**  pelota de polvo y hielo que viaja alrededor del sol. Desarrolla una larga cola de gas y polvo a medida que se acerca al sol.

**Commonwealth**  nombre del gobierno republicano británico de 1649 a 1660.

**Crisol**  (a) plato o parte de un recipiente usado para fundir metales (b) un tiempo de prueba que puede llevar a un gran cambio.

**Elixir de la vida**  poción mítica que permite que alguien viva eternamente.

**Espectro**  la gama completa de colores.

**Éter**  (a) un medio imaginario que alguna vez se pensó llenaba todo el espacio y que hacía posible la transmisión de la luz y el calor (b) un líquido incoloro e inflamable.

**Filósofo**  alguien que estudia el conocimiento, la verdad y la lógica.

**Física**  rama de la ciencia que se ocupa de la naturaleza de los objetos y su comportamiento, investigando asuntos tales como el movimiento y la fuerza.

*Fluxions*  el nombre que Isaac Newton dio al cálculo.

**Geometría**  rama de las matemáticas que se ocupa de la forma y el espacio.

**Gramática, escuela de**  escuela para niños común en los poblados ingleses en tiempos de Newton. Brindaba educación, generalmente gratuita o muy barata y se basaba en el estudio de la gramática del latín.

**Gravedad** fuerza de atracción entre los cuerpos, como cuando una manzana cae.

**Ley** principio científico de verdad, basado en la relación o secuencia, y que nunca varía.

**Logaritmo** potencia a la que un número fijo (la base) debe elevarse para producir un número dado.

**Lord protector** título del jefe de estado inglés durante el periodo republicano conocido como el Protectorado (1653–59). Los que sostuvieron ese título fueron Oliver Cromwell y Richard Cromwell.

**Monarquía** una forma de gobierno basada en el régimen de una sola persona llamada rey.

**Natural, filosofía** en tiempos de Newton, nombre dado a lo que hoy conocemos como ciencia.

**Óptica** rama de la física que trata de la luz y la visión.

**Órbita** la ruta que sigue un objeto alrededor de otro, como cuando un planeta viaja alrededor del sol, o una luna alrededor de un planeta.

**Piedra filosofal** sustancia mítica que los alquimistas creían podía transformar metales de poco valor en oro.

**Prisma** objeto transparente generalmente con base triangular, que refracta o refleja los rayos de luz.

**Protestante** cualquier individuo cristiano, grupo o iglesia que no reconoce la autoridad de la iglesia católica.

**Puritanos** protestantes del siglo XVII que querían llevar la reforma religiosa más allá y formas más simples de religiosidad.

**Química** investigación científica sobre de qué están hechas las cosas y cómo reaccionan las sustancias entre ellas.

**Refractar** cambiar la dirección de un rayo de luz o calor.

**Relatividad** principio de que todo el movimiento que observamos es relativo y no absoluto.

**República** estado que no tiene monarca, generalmente es un sistema de gobierno que representa al pueblo.

**Restauración** el retorno de la monarquía a Bretaña en 1660.

*Subsizar* en la Universidad de Cambridge, en tiempos de Newton, una clase de estudiante que tenía que desempeñar servicios para otros estudiantes o para los profesores, para pagar su manutención y tutoría.

**Tangente** un punto de contacto en geometría, como cuando una línea recta toca un punto de la circunferencia.

**Telescopio reflectante** un telescopio que usa espejos en vez de lentes para formar una imagen.

**Telescopio refractante** un telescopio que usa lentes en vez de espejos para formar la imagen.

**Teoría cuántica** teoría desarrollada en el siglo XX que postula que los cambios de energía, como los que tienen lugar en el interior del átomo, no son continuos, sino que están hechos de descargas separadas de energía, conocidas como *quanta*.

**Vórtex (plural: vórtices)** movimiento en espiral alrededor de un centro.

# Bibliografía

*Dead Famous: Isaac Newton and His Apple*, Kjartan Poskitt, Scholastic Hippo, 1999

*Isaac Newton*, James Gleick, Harper Perennial, 2004

*Isaac Newton*, Kathleen Krull, Viking, 2006

*Isaac Newton: The Last Sorceror*, Michael White, Fourth Estate, 1998

*Never at Rest: A Biography of Isaac Newton*, Richard S. Westfall, Cambridge University Press, 1980


Fuentes de las citas:
p. 8 John Conduitt memorandum de su conversación con Isaac Newton, 31 agosto 1726, Keynes MS 130.10
p. 17 Catherine Storer (después Mrs. Vincent), de
p. 45–6 of William St Rueley, Memoirs of Sir Isaac Newton, ed. A Hastings White, London, Taylor Francis, 1936

p. 33 Portsmouth papers, Additional MSS of Isaac Newton, Cambridge University Library
p. 56 Alexander Pope, "Epitafio para Sir Isaac Newton en la abadía de Westminster", 1730
p. 59 No. 1259 de Joseph Spence, *Observations, Anecdotes and Characters of Books and Men*, ed. J Osborn, Oxford University Press, 1966

Algunos sitios web que pueden servirte para explorar sobre el mundo de Isaac Newton:
www.newtonproject.ic.ac.uk
protecto permanente para crear un catálogo en línea sobre los escritos de Newton (en inglés)
www.newton.cam.ac.uk/newton.html

Enlaces a recursos sobre Newton en internet. (En inglés).
www.ing.iac.es
Sitio web site del Grupo de Telescopios de Isaac Newton. (En inglés).

# Índice

# Agradecimientos

Fuentes: AA = The Art Archive, BAL = The Bridgeman Art Library.

B = abajo, C = centro, T = arriba.

Portada: Con la amable autorización de Trustees of the Portsmouth Estates/Fotografía de Jeremy Whitaker.

1 akg-imágenes/Erich Lessing; 3 © Jim Sugar/Corbis; 4T The Fotomas Index; 4B The Royal Society; 5T-AA/ Royal Society/Eileen Tweedy; 5B © 2003. Photo Scala, Florencia/HIP/Museum of London; 7 The Fotomas Index; 9 BAL/Lincolnshire County Council, Usher Gallery, Lincoln, RU; 10 BAL/Colección privada; 11 The Fotomas Index; 12 BAL/Colección privada; 12–13, 13T BAL/British Library, Londres; 13B BAL/Colección privada; 14 The Fotomas Index; 16 akg-imágenes; 17 The King's School, Grantham; 18-Colin Russell (colinrussell@orange.net); 19 The King's School, Grantham; 21 © The Royal Society; 22-Collections/Oliver Benn; 23 BAL/Bibliothèque Nationale, París; 24T BAL/© Royal Geographical Society,-Londres; 24B BAL/ Galleria degli Uffizi, Florencia; 25T AA/Institut de France, París/Dagli Orti; 24–25, 25B © 2006. Photo Scala, Florencia/HIP/Oxford Science Archive; 26 AA; 27 © 2003. Photo Scala, Florencia/HIP/Museum of London; 29 Con autorización de: Syndics of Cambridge University Library, Add. 3958, ff. 78v-79r; 30 Con autorización de: Syndics of Cambridge University Library, Add. 3975, p.15; 31 © Matthias Kulka/ zefa/Corbis; 32 akg-imágenes/Erich Lessing; 35 AA/Royal Society/Eileen Tweedy; 36 Con autorización de: Master and Fellows of Trinity College Cambridge; 37 akg-imágenes/Erich Lessing; 38 The Burndy Library, Cambridge, Massachusetts; 39 © 2005. Photo Scala, Florencia/HIP/Oxford Science Archive; 41 © The Royal Society; 42C Hulton Archive/Getty imágenes; 42B © 2005. Photo Scala, Florencia/HIP/Oxford Science Archive; 42–43, 43T, 43B Hulton Archive/Getty imágenes; 44 AA/British Museum, Eileen Tweedy; 45 Hulton Archive/Getty imágenes; 47 © 2003. Photo Scala, Florencia/HIP/Museum of London; 48 AA; 49 Con la amable autorización de: Trustees of the Portsmouth Estates/Fotografía de Jeremy Whitaker; 50 Genève, Bibliothèque publique et universitaire, Départ. Iconographique; 51 © 2005. Photo Scala, Florencia/ HIP; 52 BAL/Victoria & Albert Museum, Londres; 53 AA/Dagli Orti; 54 AA/Royal Society/Eileen Tweedy; 55 Hulton Archive/Getty imágenes; 56T, 56 © Bettmann/Corbis; 56B akg-imágenes; 57T © Bettmann/ Corbis; 57B © Roger Ressmeyer/Corbis; 58 © The Royal Society; 59 Werner Forman Archive.